山海经里的怪兽

异兽

新国潮童书 编著

四川少年儿童出版社

图书在版编目（CIP）数据

异兽 / 新国潮童书编著. -- 成都 : 四川少年儿童出版社, 2024. 10. --（山海经里的大怪兽）. -- ISBN 978-7-5728-1659-8

Ⅰ. K928.626-49

中国国家版本馆 CIP 数据核字第 2024NR4544 号

出 版 人：余　兰
项目统筹：高海潮　王晗笑
责任编辑：王晗笑
美术编辑：汪丽华
责任印制：李　欣

全案企划：景雪峰
统筹执行：买雯婷
封面装帧：米　克
美术指导：王雪如　王　佳　朱玲颖

YI SHOU
异兽
（山海经里的大怪兽）

编著：新国潮童书

出　　版：四川少年儿童出版社
地　　址：成都市锦江区三色路 238 号
网　　址：http://www.sccph.com.cn
网　　店：http://scsnetcbs.tmall.com
经　　销：新华书店
印　　刷：成都鑫达彩印印务有限责任公司
成品尺寸：280mm×230mm

开　　本：12
印　　张：4.5
字　　数：90 千
版　　次：2024 年 12 月第 1 版
印　　次：2024 年 12 月第 1 次印刷
书　　号：ISBN 978-7-5728-1659-8
定　　价：38.00 元

地　址：成都市锦江区三色路 238 号新华之星 A 座 23 层四川少年儿童出版社发行部
邮　编：610023

序言

《山海经》是一部包罗万象的奇书，其内容从地理、动物、植物、矿产到神话、方国、医药、民俗，无所不包，堪称了解中国上古时期的宝库。那些关于山川河流、日月星辰、神人异兽的奇思妙想，至今读起来仍令人叹为观止。

许多文学家都爱读《山海经》，东晋大诗人陶渊明就曾写过十三首名为《读山海经》的诗，其中有一句“流观山海图”。古时候的《山海经》是有图的，而且图还占有相当重要的地位，因此又被称为“山海图”。鲁迅小时候听远房叔祖描述过一部绘图的《山海经》，上面画着人面的兽、九头的蛇、三脚的鸟、生着翅膀的人……于是念念不忘，直到有一天保姆阿长给他买了一套四本绘图的《山海经》。虽然刻印粗拙、纸张很黄、装帧凑合，但这套书仍被鲁迅称为“我最初得到的、最为心爱的宝书”。

由于年代久远，《山海经》中的图逐渐散失，至今已寥寥无几。为了帮孩子们重拾古人“流观山海图”的乐趣，我们特别编绘了这套《山海经里的大怪兽》。

本书将《山海经》中的怪兽分为灵兽、异兽、禽鸟、鱼蛇四大类，便于孩子们认识和记忆。每种怪兽都按照《山海经》原文的描述，用精美大图还原了其外形、神态、动作及生活环境，当然也不乏现代人对远古怪兽的丰富想象。此外，本书还参阅大量史料，为孩子们讲述了每种怪兽的故事，并用诙谐幽默的漫画介绍了由怪兽衍生出来的趣味知识，内容涵盖历史、诗词、天文、地理、生物、物理、民俗等诸多门类，让孩子们在快乐阅读中走进神奇瑰丽的《山海经》的世界，拓展综合知识。

希望通过本书，孩子们能窥见古人对天地万物的观察和理解、对未知世界的探索和想象，从而感受中国传统文化的独特魅力，传承充满勇气与智慧的民族精神。

目录

qióng qí
穷奇

形态
长得像牛，身上有刺毛

江湖角色
上古四大凶兽之一

一

其上有兽焉，其状如牛，猬毛，名曰穷奇，音如嗥*狗，是食人。

邪恶无比的凶兽——穷奇

记载于《山海经·西山经》的穷奇长相十分丑陋，身体像牛，上面像刺猬一样布满刺毛，叫声像是野狗在嚎叫。而在《山海经·海内北经》中，穷奇又被描述成长着翅膀的老虎，二者的共同之处是都会吃人。

穷奇与混沌、饕餮（tāo tiè）、梼杌（táo wù）并称“上古四大凶兽”。穷奇精通人语，它看到两个人吵架或者打斗时，会站到无理的一方，将正直的一方吃掉；看到有人做坏事，会馈赠礼物以示鼓励。如此“惩善扬恶”的性格，实在令人生厌。

神兽有故事

《左传》中记载：“少皞（hào）氏有不才子，天下之民谓之穷奇。”书中认为穷奇是上古传说人物少皞氏那不成器的儿子。他平日里没少干颠倒黑白、包庇奸佞（nìng）的坏事，可谓恶名远扬。

然而有些书上也有过穷奇帮助人们的事迹。《后汉书》曾记载“穷奇、腾根共食蛊（gǔ）”，说的是穷奇和另一只叫腾根的野兽一起吃掉了害人的蛊。看来这恶兽也并非一无是处。

文化漫漫看

唉，混沌又在欺负好人。
依我看呐，混沌就是个恶霸。

1 据《神异经》记载，混沌“其状如犬，长毛四足，似熊而无爪”“有目而不见”“有两耳而不闻”“有腹而无五脏”，它专门欺负善良的人，而亲近凶恶的人。

先生，自助餐吃多少取多少，请不要浪费粮食！
你怕我吃不完？这还不够我塞牙缝的呢！
自助

2 饕餮最大的特点就是能吃。传说它没有身体，因为太能吃，以至于把自己的身体都吃掉了。它只有一个大头和一个大嘴，十分贪婪，见到什么就吃什么。

你怎么又在外面惹是生非？每天都有人跟我告状。
我不听！我不听！我爱怎样就怎样！

3 梼杌也叫傲狠、难驯，相传是上古天帝颛顼（zhuān xū）的儿子。他虽然身份高贵，可是性情凶残，经常胡作非为，而且不服管教，对父亲颛顼的话充耳不闻。

译文

山上有一种野兽，样子像牛，身上长着刺毛，名字叫穷奇，它发出的声音像是狗叫，这野兽吃人。

*嗥：读音为 háo。

bó
驳

形态
白身黑尾马，一角，虎样牙爪

江湖角色
御兵神兽

二

有兽焉，其状如马，而白身黑尾，一角，虎牙爪，音如鼓，其名曰驳，是食虎豹，可以御兵。

威猛的虎豹克星——驳

神兽有故事

驳是一种长得像马的独角兽，有着锋利的爪子和牙齿，它生性威猛，能以虎豹为食，叫声如振鼓般响亮。据说饲养它可以避免战事。

关于驳的异闻很多。《管子》中记载了一个“驳象虎疑”的故事：有一天，齐桓公骑马出行，路上遇见一头老虎，奇怪的是老虎看见他不仅没有扑过来，反而老老实实地趴在了地上。齐桓公很疑惑，便问管仲是何缘故，管仲回答说：“您骑的这匹马的样子很像能吃虎豹的驳，所以老虎心里害怕，不敢上前。”

《酉（yǒu）阳杂俎（zǔ）》中记载“秦叔宝所乘马号忽雷驳”，秦叔宝即秦琼，是唐初名将，他给自己的战马起名叫“忽雷驳”，足见驳之勇猛无敌。由于传说饲养驳可以避免战事，这个名字大概也寄托了秦叔宝想早日结束战争的美好愿望。

在古诗文中，驳常常被称为“六驳”，如《诗经》中的“山有苞栎，隰（xí）有六驳”，李白也曾写诗赞曰：“六驳食猛虎，耻从驽（nú）马群。一朝长鸣去，矫若龙行云。”

译文

有一种野兽，样子像马，身体是白色的，尾巴是黑色的，头上长着一只角，有老虎一样的牙齿和爪子，叫起来的声音像是在击鼓，这种野兽叫驳，它以老虎和豹子为食，饲养它可以抵御兵器的伤害。

文化漫漫看

1 在西方神话中，也有长独角的马的形象，它就是独角兽。作为美好、高贵和纯洁的象征，独角兽一直深受人们喜爱，传说中它的角研磨成的粉末还有解毒治病的功效。

名次不重要，荣誉更重要！
最受欢迎神兽大赛

这么站着真累啊！
国王都没嫌累，就你话多。

2 苏格兰将白色独角兽作为民族象征。根据中世纪传说，只有国王能够驯服独角兽。1603年，詹姆斯六世继承英格兰王位时，其皇家纹章上便有两只独角兽作为护盾兽。

3 中国神话中还有一种长着龙角的似马神兽——龙马，它是吉祥的象征，当美好时代降临时，龙马便会出现。传说伏羲、黄帝、尧帝时代都曾出现过龙马。

听说这位皇帝领导力很强，我现个身吧！
恭喜皇上，吉从天降啊！

狡 jiǎo

形态

形状像狗，豹纹，牛角

江湖角色

祥瑞之兽

三

长相凶恶的瑞兽——狡

神兽有故事

根据《山海经》的记录，在西边有一座盛产玉石的山，叫玉山，这里是西王母的住所，狡就生活在玉山中。它的身体长得像狗，皮毛上却有豹子一样的纹路，头上的角好似牛角，叫起来的声音像狗在嚎叫。

狡虽然长相凶恶，但它长年在玉山与神灵相伴，自然也有了祥瑞之气。只要它出现的地方，便一定会风调雨顺、五谷丰登，这也让狡成为一种颇受欢迎的瑞兽。

在古文中，“狡”一般指犬。东汉文字学家许慎的著作《说文解字》里写道：“狡，少狗也。匈奴地有狡犬，巨口而黑身。”意思是狡就是年轻健壮的狗，匈奴所在的领地上有这种狗，嘴巴巨大，身体是黑色的。

《淮南子》中也有关于狡狗的记载：“狡狗之死也，割之犹濡（rú）。”意思是健壮的狗死去后，宰割它的肉，肉依然是有光泽的。

可见，“狡”字的本义是年轻、健壮的狗，现在则被冠以狡猾、诡诈的含义，不知是否与狡凶恶的长相有关。

文化漫漫看

爸爸，这是什么呀？
这是咱们新驯化的动物，就叫它……狗吧。

1 狗是最早被驯养的家畜之一。我国已发现的最早的家养狗化石，出土于距今 7000 多年的河姆渡遗址中。在半坡、仰韶、龙山文化遗址中，也发现了不少家养狗的化石。

赢了！耶！
这次能战胜隔壁部落，一定是白犬图腾庇佑！

2 狗也是远古时期人类重要的图腾之一，古代的游牧民族犬戎族便以白犬为图腾。当时的狗尚未完全脱离狼的状态，健壮勇猛，犬戎族的人十分尊敬它。

你的先辈救过我的命，我决不让人欺负你！
汪！
汪汪！

3 狗是人类最忠诚的朋友，民间流传着许多忠犬的传说。据说努尔哈赤年轻时险些葬身火海，他身边的大黄狗把一身的毛沾满水，用身体将火滚灭，救了主人一命。

山海经·西山经

有兽焉，其状如犬而豹文，其角如牛，其名曰狡，其音如吠犬，见则其国大穰*。

译文

有种野兽，样子像狗，身上长着豹纹，头上的角和牛角相似，它的名字叫狡，这种野兽的叫声像狗叫，它在哪个国家出现，哪个国家就会五谷丰登。

*穰：读音为 ráng。

獓𤜵

ào yē

形态

像牛，四只角，白毛如蓑衣

江湖角色

上古食人凶兽

四

身披白毛的四角牛——獓㺐

神兽有故事

从西王母居住的玉山出发，再往西走一千多里，便到了三危山。这里栖息着为西王母充当信使的三青鸟，还住着一种会吃人的凶兽，名叫獓㺐。獓㺐长得像牛，头上有四只锋利的尖角，身上长着厚厚的白毛，又密又长，像披了件蓑衣一样。

明朝开国元勋刘伯温在《郁离子·九难》中描述过一种异兽："备五色，含八音，璀璨珑璁（cōng），睒（shǎn）闪虎睛，獓胭（áo yān）旄（máo）牛，师类之毛，鬟髿（huán shā）披蓑，以纛（dào）以缨。"这里的"獓胭"指的便是獓㺐。从这段描述中可以看出，獓㺐的样子十分威武神气，蓬松披散的毛发像军队中迎风猎猎的大旗，眼神像老虎一般凶狠犀利，可以用"虎视眈（dān）眈"来形容。

虽然獓㺐并非真实存在的动物，但世界上确实有比狮子老虎还要厉害的"牛魔王"，如体形巨大的白肢野牛和脾气暴躁的非洲水牛。

山海经·西山经

其上有兽焉，其状如牛，白身四角，其豪如披蓑*，其名曰獓㺐，是食人。

译文

山上有种野兽，样子像牛，身体是白色的，脑袋上长了四只角。它身上的毛又长又密，看上去像披了一件蓑衣，这野兽的名字叫獓㺐，会吃人。

文化漫漫看

1 后人推测三危山的位置在甘肃省境内，这里是白牦牛的故乡，"白毛飘飘"的獓㺐很可能就是白牦牛，它是十分珍稀的国家一级保护动物。

欢迎来我的家乡，可以和我合照哦！
白牦牛故乡

你们怎么这么快又搬家了，这快递谁签收啊？
你往西再走一百公里就到我们新家了。
草原快递

2 白牦牛生活的地区有很多游牧民族。之所以叫"游牧"，是因为牧民们经常搬家，由于牛或羊需要吃草，所以需要寻找草生长茂盛的地方放牧。

3 古代的游牧民族性格勇猛，以草原为家。他们适应了北方寒冷的气候，在广袤的草原上放牧。牛、羊、马是他们最常畜养的牲畜。

苍茫的天涯是我的爱……
拥有整个草原才是最开怀！

*蓑：读音为 suō。

玃如

jué rú

形态 鹿身白尾，马足人手，四只角

江湖角色 皋涂山四不像

五

有兽焉，其状如鹿而白尾，马足人手而四角，名曰玃如。

长着人手的四不像——玃如

玃如生活在皋（gāo）涂山，它的身体像鹿，后蹄像马，前腿上却长着和人一样的手，头上还长着四只角，身后拖着一条白尾巴，是《山海经》中名副其实的“四不像”。

四不像并非某种动物的学名，它更像是一个绰号，指一种动物身上兼有好几种动物的特征。在我国，被称为“四不像”的动物至少有四种：麋（mí）鹿、驯鹿、驼鹿、鬣（liè）羚。其中最著名的当属麋鹿，它的角似鹿，面似马，尾似驴，蹄似牛，和大熊猫一样，是我国的特有物种。

神兽有故事

皋涂山上的“四不像”玃如虽然身形高大，但据说它十分害怕老鼠。幸运的是，皋涂山上很少有老鼠出现，因为山里有一种叫礜（yù）的白色石头，能毒死老鼠。山上还有一种草，叫无条草，它的形状像一种叫藁茇（gǎo bá）的香草，叶子像葵菜叶，叶背是红色的。这种草也能毒死老鼠。如此看来，皋涂山简直就是老鼠的绝命之地，难怪玃如可以无忧无虑地生活在这里。

文化漫漫看

1 古代人和现代人一样，对偷吃粮食的老鼠深恶痛绝。因此，古人想了很多办法灭鼠。最开始采用的方法多为往老鼠洞里面灌水或者放火烟熏。

2 灌水和烟熏只能将老鼠赶跑，没过多久它们就会卷土重来。于是古人又想出了投毒的办法，使用某些矿石、植物毒杀老鼠。古人还发明了捕鼠器，养猫也是常用的方法。

3 除这些常规方法之外，古人还有一些怪招。例如，取一部分老鼠天敌狐狸的尸体捣碎之后涂抹到老鼠洞附近，老鼠闻到天敌的气味就会逃跑。

译文

有一种野兽，样子像鹿，尾巴是白色的，有马一样的后蹄和人一样的手，长着四只角，它的名字叫玃如。

狌狌（xīng xīng）

形态

像长尾猿，有白色的耳朵

江湖角色

通晓过去的异兽

六

爱喝酒的白耳猿猴——狌狌

神兽有故事

狌狌生活在招摇山，它长得像猿猴，却有一对白耳朵，据说人吃了它的肉可以健步如飞。

古书中有很多关于狌狌的记载：《海内南经》中说“狌狌知人名”；《淮南子》中记载“狌狌知往而不知来”；《论衡》中也写过“狌狌知往，乾（qián）鹊知来”。可见狌狌异常聪明，不仅知道人的名字，还能通晓过往的事情。人们总想抓住狌狌，从它们口中探查过去。

据说狌狌嗜好饮酒，还喜欢草鞋。人们为了抓住狌狌，便在路边摆上几坛好酒，再放上几双左右脚绑在一起的草鞋。狌狌一眼就看出这是个圈套，可是嘴馋的狌狌实在抵挡不住美酒的诱惑，不管三七二十一喝了起来，不一会儿就喝得酩酊（mǐng dǐng）大醉，晕晕乎乎地将草鞋套在自己脚上，挤眉弄眼地嬉笑玩耍。这时，埋伏在一边的人们跑出来，狌狌穿着绑在一起的草鞋，想跑也跑不了，只好束手就擒。当然，这些记载只是传说故事罢了。

天上那个刚喝完，地上这个，该你了，喝呀！

1 酒在中国文化中扮演了重要的角色，从古人留下的诗词中，我们不难看出诗酒总是相伴的，如李白的名句“举杯邀明月，对影成三人”。

文化漫漫看

酒令大如军令，不论尊卑，违者受罚。
好妹妹，快帮我想一则酒令，不然我要挨罚了！

2 行酒令是酒席上的一种游戏，推选一人当令官，其他人听令轮流说诗词、联语等，说不出或说错了要罚酒。《红楼梦》中就描写了很多行酒令的场面。**

今天是个好日子，我要写一篇作文记下来！

3 古人还有“曲水流觞（shāng）”的活动，王羲之的《兰亭集序》中就描写了一次曲水流觞活动。人们坐在河渠两旁，顺流而下的酒杯停在谁面前，谁就取杯饮酒。

有兽焉，其状如禺*而白耳，伏行人走，其名曰狌狌，食之善走。

译文

有一种野兽，样子像长尾猿，耳朵是白色的，既能匍匐爬行，也能像人一样直立行走，它的名字叫狌狌，吃了它的肉可以走得很快。

*禺：读音为 yù。**注：文学作品中的情节设定有其艺术需要，请正确看待，未成年人切勿饮酒。

狪狪（tóng tóng）

形态 长得像猪，身体里有珠子

江湖角色 宝珠猪

七

孕育珠子的奇猪——狪狪

有兽焉，其状如豚*而有珠，名曰狪狪，其鸣自訆**。

神兽有故事

狪狪看起来像普通的野猪，身体里却孕育着珠子，因此又叫珠豚，它的叫声像是在喊自己的名字。

据《山海经》记载，狪狪生活在泰山，有学者认为这个泰山就是现在“五岳之首”的泰山。泰山上多产玉石，山下多产金矿，环水发源自这里，水中多产水晶。狪狪长期受到泰山灵气的熏陶，于是有了一种奇异的本领：在体内孕育珠子。

自然界中能孕育珠子的大多是蚌类，其中以海中的珠贝所产的珍珠最为稀有珍贵。人们为了获得珍珠，便会将蚌壳剖开。倘若狪狪是真实存在的动物，人们是否会像对待蚌类一样对待狪狪呢？如此说来，狪狪体内怀珠这件事对它来说未必是什么好事。

两晋时期的著名学者郭璞（pú）曾写过下面几句话：“蚌则含珠，兽何不可。狪狪如豚，被（pī）褐（hè）怀祸。”大致意思是蚌类可以在壳里孕育珍珠，兽类为什么不能呢？长得像猪的狪狪，穿着粗布衣服的人，都有可能因为藏有珍贵的东西而招来祸患。

译文

有一种野兽，样子像猪，身体里有珠子，它的名字叫狪狪，它的叫声像是在叫自己的名字。

文化漫漫看

1 泰山在古时被称作“岱（dài）宗”，是古人崇拜的神山，在中国历史文化中拥有极高的地位。在泰山举行封禅（shàn）仪式，祭祀天地，是古代帝王的最高大典。

现在倡导无明火祭祀啊，请大家自觉爱护环境！

男人嘛，也应该承担一部分家务活。
老泰山说得是！

2 “泰山”一词在中国也是岳父的别称，据说这个说法的来历与唐玄宗李隆基的封禅仪式有关。后来，人们还相应地将岳母称为“泰水”。

3 在中国的传统文化里，泰山还象征着高尚的品格，故有“重于泰山”和“轻于鸿毛”的对比，用以比喻人生价值的轻重悬殊。

我长大一定要干一番大事，争取比泰山更重！
先定个小目标，等你长到比爷爷重再说。

*豚：读音为 tún。**訆：读音为 jiào。

cóng cóng
从从

形态

形状像狗，有六条腿

江湖角色

六足怪犬

八

有兽焉，其状如犬，六足，其名曰从从，其鸣自詨*。

难得一见的六足犬——从从

神兽有故事

在栒（xún）状山，有一种长着六条腿的怪犬，它奔跑的速度极快，经常在山中呼啸而过，还发出从从的叫声，这种怪犬便是从从。

从从行动敏捷，是捕猎的高手，很多人猜测它的参照物就是中国古老的猎犬——细犬。古人形容细犬“头如梭，腰如弓，尾似箭，四个蹄子一盘蒜”。作为优秀的猎犬，细犬的身影曾在许多神话传说和史书典籍中出现过。据古书记载，二郎神身边的哮天犬就是一只白色短毛细犬。苏轼在《江城子·密州出猎》中写道：“老夫聊发少年狂，左牵黄，右擎（qíng）苍。”其中“左牵黄”就是指左手牵着一只黄色细犬去打猎。气质非凡的细犬还深受皇帝的喜爱，明朝第五位皇帝朱瞻基亲手所画的《萱花双全图》描绘的就是两只细犬。

《宋书》中有这样的记载：“六足兽，王者谋及众庶则至。”意思是只有天下出现了为百姓造福的明君时，从从这种六足兽才会出现，因此从从是一种瑞兽。

译文

有一种野兽，样子像狗，却长着六只脚，它的名字叫从从，它的叫声就是自己名字的发音。

文化漫漫看

1 明君往往能够体恤民情，勤于政务，用人有方，推行好的政策，打造太平盛世。历史上著名的明君有唐太宗李世民、明太祖朱元璋等。

2 昏君是昏庸无能的君王，他们往往沉溺于一己私欲，很少为老百姓考虑，也缺乏治理国家的能力。秦二世胡亥就是历史上著名的昏君。

3 还有一种最让人胆寒的君主就是暴君。他们通常专制且残暴，不仅压迫人民，还会制定非常残酷的刑罚。商纣王就发明了炮烙之刑这样令人闻风丧胆的刑罚。

*詨：读音为xiào。

蛊雕

gǔ diāo

形态 外形像雕，头上长角

江湖角色 食人的鸟形兽

九

山海经·南山经

水有兽焉，名曰蛊雕，其状如雕而有角，其音如婴儿之音，是食人。

凶猛的食人怪兽——蛊雕

神兽有故事

蛊雕是一种似鸟非鸟的食人怪兽，它生长在鹿吴山中，样子和雕很像，头上还长着角，叫起来的声音像是婴儿在啼哭。

传说鹿吴山上有很多金矿和玉石，人们认为蛊雕栖息的地方一定有很多宝藏。因此，古人也将蛊雕当成挖宝的指南针。人们在鹿吴山附近只要听见类似婴儿的啼哭，就会循声而去，寻找价值连城的金矿和玉石，但又必须十分小心，因为蛊雕是会吃人的。

1957 年，我国的考古学家在陕西省神木纳林高兔村的一个战国时期匈奴墓穴中，发现了一尊“黄金怪兽”的雕像。这只怪兽高 11.5 厘米，宽 11 厘米，外形看起来像是一只鹿，却长着鹰的嘴巴，头上还有长长的角。据专家分析，这很可能就是《山海经》中所描述的蛊雕。这个墓的墓主是匈奴的一个王族，有很高的身份和地位。类似蛊雕的文物迄今为止只出土了这么一件，是独一无二的存在。

文化漫漫看

1 古代王孙贵族的陪葬品一般都是贵重的黄金玉器等。它们作为出土文物，能够很好地帮助后世的人们对历史进行考证推理，佐证已经存在的古代文字资料的内容。

请问您的真实身份是蛊雕吗?
无可奉告。

鹰老弟，你总穿着短裤不冷吗?
我还想问你呢，雕哥，你夏天穿毛裤不热吗?

2 雕是一种大型猛禽，它与鹰看起来很像，但体形要比鹰更大一些，喙和爪子也更加粗壮。雕的跗跖上覆盖了羽毛，而鹰的跗跖上则是光秃秃的。

3 “射雕手”一词原指箭术高超的草原勇士，能射下天上的雕，后泛指在某方面才技出众的人。如著名书法家赵孟頫（fǔ）就常被人称为“书坛射雕手”。

听说你也会射雕?
咱们行业精英都是“射雕手”。
他们是在聊我吗?

译文

水中有一种野兽，名字叫蛊雕，它的外形像雕，头上却长着角，它的叫声像婴儿的啼哭，会吃人。

cōng 葱 lóng 聋

形态 长得像羊，脖子上有红毛

江湖角色 温顺异兽

十

性情温顺的赤胡羊——葱聋

神兽有故事

葱聋的外貌与羊相似，脖子上的毛却与一般羊不同，是鲜艳的红色。清代著名学者郝懿行认为，葱聋便是如今的夏羊，是野羊的一种。而据《中国古代动物学史》注释，葱聋是现在的藏羚羊。无论是夏羊还是藏羚羊，可以肯定的是：葱聋是性格温顺的异相羊，它不仅不会吃人，反而可以被人类驯养。

羊与人类的关系源远流长，与中华文明的关系也密不可分。早在数千年前，羊就已经被中国古老的游牧民族羌族人驯化，并逐渐融入了羌族人的生活：羊皮、羊毛被做成衣服，羊肉、羊油和羊血用以果腹，羊粪用来燃烧取暖。

由此看来，羊支撑了羌族人生活的方方面面，也是羌族人独特的民族标志。因此，羌族人崇拜羊，将其视为人、神、鬼三界沟通的信使，并从古至今供奉祭祀羊神。这种崇拜后来在民族文化交融中影响了中原民族。古人认为“羊”通“祥”，代表吉祥如意，许多羊的图腾和传说也因此在民间广为流传。

文化漫漫看

1 羊是可以在高原生存的动物。被称为“高原精灵”的藏羚羊每年四月底都会在可可西里进行大迁徙，这被称为全球最壮观的三种有蹄类动物大迁徙之一。

我们要上电视了！走慢点儿多点儿镜头哇！
哎，走快点儿，要掉队了！

哎！我要下去！我恐高！
哎呀，真香！

2 有一种高原羊能够在接近 90 度的悬崖峭壁上跳来跳去，这就是岩羊。它们冒险走上悬崖峭壁，只是为了舔食崖壁上的矿物质，获取赖以生存的盐分。

3 北山羊也是著名的高原羊，它们栖息于海拔 3500~6000 米的高原，非常善于攀登和跳跃，它们有着像钳子一样的蹄子，能够轻松自如地在险峻的乱石间往来奔驰。

恭喜我们的北山羊先生获得高原攀岩赛冠军，让我们为他鼓掌！
01

又西八十里，曰符禺*之山……其兽多葱聋，其状如羊而赤鬣**。

译文

再往西八十里，有座符禺山……山里的野兽以葱聋居多，这种野兽样子像羊，脖子上长着红色的鬣毛。

*禺：读音为 yú。**鬣：读音为 liè。

羬羊

qián yáng

形态

外形像羊，有马一样的尾巴

江湖角色

美容圣品

十一

钱来山上的马尾羊——羬羊

神兽有故事

羬羊与葱聋一样，都是性情温顺的羊类，它生活在钱来山上，身体长得与普通的羊差不多，身后却拖着一条马尾一样的长尾巴。

儒家经典《尔雅》中写道：“羊六尺为羬。”意思是羬羊是一种身长六尺的大羊。《山海经·西山经》《山海经·中山经》中曾多处提到过羬羊，由此可见，羬羊在《山海经》中是一种很常见的异兽，遍布中西部的很多地区。

羬羊没有什么特殊的本领，唯独它身上的脂肪有神奇的作用，可以滋润干裂的皮肤，这很像我们今天使用的面霜和身体乳。

据考证，羬羊生活的钱来山很可能位于现在的陕西省华阴市的南面。说来也奇怪，这钱来山上还出产一种奇异的石头，名叫“洗石”，这种石头含有碱性物质，用它洗澡可以去除身上的污垢，简直就是天然的香皂。想象一下我们来到钱来山，用洗石将身体和脸洗干净，再涂上羬羊脂，这里不就是一座天然的美容院吗？

山海经·西山经

有兽焉，其状如羊而马尾，名曰羬羊，其脂可以已腊*。

译文

有种野兽，样子像羊，却有着马一样的尾巴，它的名字叫羬羊，它身上的油脂可以用来滋润干裂的皮肤。

文化漫漫看

1 《山海经》中类似“其脂可以已腊”的叙述不少，可见古人也会护肤。古代女子会将鸡蛋清、珍珠粉或蜂蜜等涂抹在皮肤上，相当于现在的自制面膜。

这新出的羬羊脂面膜可真滋润呐！
团购有优惠吗？

这家美容院的绞脸服务太痛了，差评差评。
嗒
嗒
嗒
XXX美容院
4.8分
完美体验!!

2 古人的美容手法多种多样，“绞脸”就是其中一种：用两根交叉的细棉线在脸上来回滚动，起到将脸上的汗毛绞掉的作用，使脸看起来更光滑白皙。

3 古人也化妆，如唐朝的桃花妆、酒晕妆等，上妆的步骤有涂铅华、抹胭脂、涂额黄、修蛾眉、贴花钿（diàn）、点面靥（yè）、点绛（jiàng）唇等，十分繁复。

你今日的妆容太美了！
你的口脂颜色也太好看了！
她们要“商业互吹”到什么时候……
???

*腊：读音为xī。

tǔ lóu
土蝼

形态 样子像羊，有四只角

江湖角色 食人凶兽

十二

吃人的四角羊——土蝼

神兽有故事

土蝼的名字听起来像是土里的一种虫子，因为“蝼”的本意是地上爬的小虫。事实上，土蝼与虫子毫无关联，它是一种像羊的异兽，长着四只角。与性情温顺的葱聋、羬羊不同，土蝼十分凶残，能吃人，据说它力大无穷，被它撞到的动物都会当场毙命，无一幸免。

土蝼生活在天帝在下界的都城——昆仑山上。天神陆吾是昆仑山“大总管”，昆仑山上所有的生物都受他管制。陆吾尽职尽责地守护着昆仑山上的生灵，并严惩做了坏事的家伙。据说，土蝼会在陆吾打盹（dǔn）儿的时候跑到山下觅食。当然，它的食物是人。当陆吾醒来后，它便会赶紧躲起来，十分害怕陆吾知道它做的坏事之后会惩罚它。

虽然我们常见的羊只有两只角，但是现实中的确存在长着四只角的羊，例如生活在欧洲的雅各伯羊。不过这种四角羊和普通羊一样，都是以草为主要食物，并不会像传说中的土蝼那样以人为食。

有兽焉，其状如羊而四角，名曰土蝼，是食人。

译文

有种野兽，样子像羊，却长着四只角，它的名字叫土蝼，能吃人。

文化漫漫看

1 根据动物的捕食习惯，可将其分为植食性动物、肉食性动物、杂食性动物和腐食性动物四类。羊、牛、马、兔都属于植食性动物，主要以植物为食。

我不是土蝼，我是好羊！你们抓错羊了啊！
安静！

2 肉食性动物大都具有适宜运动的骨骼结构、结实有力的肌肉、锐利的牙齿和爪，以及敏锐的嗅觉，这些特点使它们能够顺利地完成捕猎行为。

我就是天生的捕猎者！

3 杂食性动物大多性情温顺，与人类关系密切，如猪、狗等家畜。腐食性动物则靠进食腐肉或腐烂的植物为生，如非洲大草原上的鬣（liè）狗和秃鹫（jiù）。

真好吃呀！
鬣狗姐，别都吃了，给我们留一口啊！

举父

jǔ fù

形态

像长尾猿，豹尾，臂上有斑纹

江湖角色

夸父族人

十三

擅长投掷的花臂猿——举父

有兽焉，其状如禺*而文臂，豹尾而善投，名曰举父。

神兽有故事

西方有一座崇吾山，山上有种叫举父的异兽，它样子像猿猴，胳膊上有斑纹，长着豹子一样的尾巴，喜欢向人扔石头，而且扔得又远又准。

东晋学者郭璞曾注释："（举父）或作夸父。"在他看来，举父就是夸父，也就是神话传说"夸父逐日"中的夸父。

传说在黄帝时代，夸父族的首领想要把太阳摘下来，于是他一刻不停地追着太阳跑，累得口干舌燥，便一口气喝光了黄河、渭河里的水，还是不够，又准备去喝大湖里的水。可惜，没等赶到大湖，他便在半路上渴死了。夸父死的时候，他手中的桃木杖变成了一大片桃林，结出了很多香甜又解渴的大桃子。

后来蚩尤与黄帝大战，夸父族人追随蚩尤与黄帝为敌，因此被黄帝惩罚。他们躲进山林中，没有衣服穿，便将兽皮裹在身上，所以胳膊上有像是野兽一样的花纹。因为害怕被抓回去，他们见了人就扔石头。时间一长，人们渐渐忘了他们是夸父族人，还以为是一种叫举父的异兽。

译文

有种野兽，样子像猿猴，双臂上有斑纹，有豹子一样的尾巴，擅长投掷东西，它的名字叫举父。

文化漫漫看

1 目前的科学研究表明，人类是由古猿进化而来的。而古猿与进化成大猩猩、黑猩猩的类人猿拥有共同的祖先——森林古猿。

吼！
君子动口不动手，我们可是远房亲戚啊！

兄弟，你的工具太老土啦！
这可是我们石器时代最新款工具呀！

2 从古猿进化到人类，是从爬行进化到直立行走，并学会制造和使用工具的过程。生活在距今约70万~20万年前的北京猿人，已经能够敲打石块制成石斧了。

3 古人类制造的工具越来越复杂、精巧，工具的制造和使用又促进了大脑的发展；同时，火的使用让人类吃到了熟肉，使身体吸收到更多的营养，利于大脑的发育，人类进化得越来越聪明。

自从用了新式烧烤架，我这智商蹭蹭蹭地往上长啊！
谁不是呢？我学会用陶罐之后也变聪明了。

*禺：读音为yù。

fū zhū 夫诸

形态

样子像白鹿，有四只角

江湖角色

兆水兽

十四

带来水灾的白鹿——夫诸

敖岸山有一种叫夫诸的异兽，它长得像白色的鹿，头上顶着四只长长的角，充满仙气，十分美丽。但这种美丽的异兽却会带来不祥，只要它出现的地方必然会发生水灾。

传说夫诸性情温顺，很容易被其他野兽欺负，所以它引来洪水只是保护自己的一种手段，因为陆地上大部分野兽都怕水，洪水一来，野兽们便会逃之夭夭。温柔的夫诸很容易亲近，对人类也没有戒心，于是一些居心叵测的人开始觊觎（jì yú）它漂亮的皮毛，对夫诸进行大肆捕杀，后来夫诸就彻底消失了。

神兽有故事

还有一种传说，认为夫诸是水神共工的坐骑。共工是古代神话传说中掌管洪水的天神。他与颛顼（zhuān xū）争夺天帝之位，一怒之下撞断了支撑天地的天柱——不周山，天空因此向西北边倾倒，大地向东南方塌陷，江河湖泊里的水全部往东南方灌流，引发了大洪水。

夫诸长时间跟随共工，耳濡目染之下，便也学会了一些控水的本领，成了水灾的象征。

文化漫漫看

据说当时，整个世界都被洪水淹没了。
我们的祖先也这样讲过。

1 世界各地很多民族的神话中都有洪水灭世的传说，例如希腊神话、古巴比伦传说、中国神话等。这些神话所描述的都是远古时期突如其来的史前大洪水。

请大家不要拥挤，拿好船票，有序登船！

2 据古巴比伦史诗《吉尔伽美什》中的记载，一个叫吉乌苏德拉的人得到神的指示，赶在灭世洪水到来之前造了一艘大船，最终拯救了人类和动物。

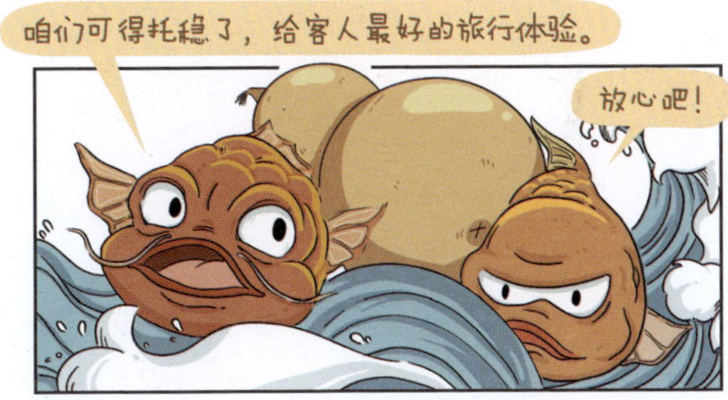

咱们可得托稳了，给客人最好的旅行体验。
放心吧！

3 我国少数民族水族也有关于洪水的传说：在上古时代，洪水暴发，一对兄妹逃进了一个巨大的葫芦中，有两条大鱼一路驮着葫芦，使他们在洪水中幸免于难。

山海经·中山经

有兽焉，其状如白鹿而四角，名曰夫诸，见则其邑*大水。

译文

有一种野兽，样子像白鹿，头上长着四只角，名字叫夫诸，它出现在哪个地方，那里便会发生水灾。

*邑：读音为 yì。

fěi
蜚

形态 样子像牛，白首，蛇尾

江湖角色 瘟疫兽

十五

带来灾难的蛇尾牛——蜚

蜚的样子像牛，但有白色的脑袋，一只眼睛长在脸中央，尾巴像蛇一样。这异兽的名字提起来就令人闻风丧胆，因为它是灾难之源，所到之处，水会干涸，草会枯死，还会发生大瘟疫，天地之间一片衰败。

传说在春秋时期蜚曾经现世，当时天下大旱，河水干涸，草木枯萎，瘟疫横行，百姓死伤无数。《左传·庄公·庄公二十九年》中曾记载：“秋，有蜚，为灾也。凡物不为灾不书。”意思是秋天，闹了蜚灾。若是事物不成灾，便不会被记载。

神兽有故事

《汉书·王莽传下》中也有记载：“夏，蝗从东方来，蜚蔽天。”在这里，“蜚”指的是蝗虫。遮天蔽日的蝗虫聚集在一起，所到之处，农作物全被破坏，从而造成饥荒。

总之，历史上关于蜚的记载，无一不象征着灾害和毁灭。成语“流言蜚语”也是一个贬义词，指毫无根据、污蔑别人的话语。但这里的“蜚”不是指山海经中的异兽，而是同“飞”字，跟“流”字意思类似。

文化漫漫看

请问你如何看待自己的工作？
我们的团队意识很强，总是集体行动。

1 天灾对古代社会具有毁灭性的破坏力。对农业来说，蝗灾、旱灾、涝灾是三种破坏力最大的天灾，尤其是恼人的蝗灾，历朝历代都为如何治蝗绞尽脑汁。

今年庄稼又完蛋了。
好饿啊！能不能把这些蝗虫炸熟吃掉啊？
快别瞎说！惹怒了蝗神怎么办？

2 蝗虫是啃食庄稼的害虫，繁殖力极强，很容易聚集造成蝗灾。但古代人缺乏科学知识，他们会认为天灾是自己做错事而遭到上天的惩罚，因此不敢轻易杀蝗，甚至会祭拜“蝗神”。

科学治蝗，还得是我。
姚相英明！

3 第一个敢于用科学方法灭蝗的人，是唐玄宗在位期间的宰相——姚崇。当时河南发生特大蝗灾，姚崇下令用火烧蝗虫，这才使得蝗灾慢慢平息了下来。

山海经·东山经

有兽焉，其状如牛而白首，一目而蛇尾，其名曰蜚，行水则竭，行草则死，见则天下大疫。

译文

有种野兽，样子像牛，脑袋是白色的，只有一只眼睛，尾巴像蛇一样，它的名字叫蜚，凡是它路过的地方，水会干涸，草会枯死，它一出现，天下就会发生严重的瘟疫。

孰（shú）湖（hú）

形态 马身鸟翼，人面蛇尾

江湖角色 抱举兽

十六

有兽焉，其状马身而鸟翼，人面蛇尾，是好举人，名曰孰湖。

见人就抱的趣兽——孰湖

神兽有故事

孰湖的样子融合了人、马、鸟、蛇四种形态，人面马身，鸟翼蛇尾，可以说是一种奇兽。它性情温和，喜欢亲近人，特别喜好把人抱举起来。

孰湖生活在崦嵫（yān zī）山，有人说就是今天的齐寿山，位置在甘肃省天水市。传说崦嵫山上长着很多奇花异果，有一种叫丹树的植物，它结出的果实有西瓜那么大，皮是红色的，肉是黑色的，吃了它可以清凉去火。

崦嵫山还是“日没所入之山”，也就是太阳落山的地方。屈原在《离骚》中写道：“吾令羲和弭（mǐ）节兮，望崦嵫而勿迫。”意思是我要让太阳女神羲和放慢行车的速度，希望太阳不要这么快就落入崦嵫山。这表现了屈原对时光流逝的感慨。

这不禁让人联想到成语“白驹过隙”。“白驹”就是白马，意思是白色的马在缝隙前一闪而过，转眼就消失不见了，形容时光飞逝。恰巧崦嵫山是太阳落山的地方，不知道这个“白驹”会不会就是马身鸟翼的孰湖呢？

译文

有一种野兽，样子像马，长着鸟的翅膀，人的面孔，蛇的尾巴，它喜欢把人抱举起来，名字叫孰湖。

文化漫漫看

1 生活在南美洲的小食蚁兽，一看见人就会张开怀抱。但它做这个动作并不是要人抱，而是因为陌生人侵犯了自己的领地，它在向对方示威。

来啊！摔跤啊！
天呐，它是要抱我吗？

天儿真热啊！
快抱树凉快凉快！

2 澳大利亚的国宝考拉喜欢抱树，这是因为澳大利亚气候炎热，考拉为了应对酷热的气候，会抱住凉爽的树干，以此降低体温，减轻身体脱水的状况。

过马路，真、真危险……还是抱、抱住、铁栏杆安全。
找个人、人类抱我，过、过去！

3 生活在热带森林的树懒，平时喜欢倒挂在树上。实际上，胆小且行动迟缓的树懒一旦离开了树，就会瞬间变成“抱抱兽”，几乎看见什么抱什么。

朱厌

zhū yàn

形态

身形像猿猴，白首赤足

江湖角色

兆兵凶兽

十七

有兽焉，其状如猿，而白首赤足，名曰朱厌，见则大兵。

引发战争的凶兽——朱厌

神兽有故事

朱厌长得像猿猴，白色的脑袋，红色的脚。它与“人面怪鸟”凫徯一样，是预示战争的凶兽。

据说，古时候有两个国家，曾针锋相对数十年，时常发生战争，导致两个国家的百姓苦不堪言。他们都想停止争斗，与对方讲和，但一直苦于没有好的契机。

有一天，其中一个国家捉到了一只长相奇怪、聪明伶俐的猿猴，他们听说对方国家的皇帝喜欢猿猴，便将它作为示好的礼物送给了那位皇帝。皇帝十分开心，接受了这份“求和大礼”，两国维持了很长一阵子和平。

不料有一天，皇后突然遇害，原本锁在笼子里的猿猴也消失不见了。皇帝勃然大怒，认为是猿猴杀害了皇后，而这一切都是对方国君的阴谋，一怒之下便率兵攻打对方。对方自知此事难以解释，只得应战，双方互不相让，比之前打得更凶了。

后来人们才知道，这只长相奇怪的猿猴就是朱厌。从此以后，朱厌会带来战争的说法便流传开来。

1 特洛伊木马也是一份引发战争的“礼物”。特洛伊人将一个巨大的木马作为战利品拉进了城，谁知木马里面竟藏着希腊士兵，他们趁黑夜爬出来，里应外合，攻陷了特洛伊城。

译文

有种野兽，样子像猿猴，却长着白色的脑袋、红色的脚，它的名字叫朱厌，它一旦出现，天下便会爆发大规模的战争。

文化漫漫看

2 古时候，国与国之间的邦交主要靠使节拜访。小国向大国上供，强国与强国之间呈递礼物。休战和割让城池等信息的传递，都是通过使节完成的。

3 中国早在许久以前就已经开始与西方进行邦交，据《后汉书》记载，东汉时期，罗马使节向汉桓帝进献了象牙、犀角、玳瑁（dài mào）等珍品。

cháng 长 yòu 右

形态 样子像长尾猿，四只耳朵

江湖角色 猴形水怪

十八

四只耳的猴形水怪——长右

神兽有故事

在南方有一座长右山，山上生活着一种叫长右的异兽，它形似猿猴，有四只耳朵。

据说有人曾在山中遇到长右，结果那一年出现了百年不遇的洪水。第二年当地再次出现长右，结果发生了更大的洪水，于是便有了长右预示水灾的说法。有人认为，长右就是大禹治水时抓到的猴形水怪——无支祁。

传说大禹治水时，曾三次来到淮水边的桐柏山，山上总是电闪雷鸣，狂风大作，山石乱飞，连树木都被连根拔起，根本无法顺利治水。大禹推测此处一定有妖怪作祟，于是号令群神和部落首领一起捉拿妖怪，果然在淮水与涡水之间，捉到了兴风作浪的水怪无支祁。它样子像猿猴，白色的头颅，金色的眼睛，十分擅长搏击和跳跃，力气比九头大象还大。大禹为了防止它逃走，便用大锁链锁住它的脖子，将它镇压在了淮阴龟山脚下。之后，大禹治水的工作终于得以顺利进行。

无支祁的传说一直流传到明代，吴承恩笔下的孙悟空便参考了它的形象。

有兽焉，其状如禺*而四耳，其名长右，其音如吟，见则其郡县大水。

译文

有一种野兽，样子像长尾猿，有四只耳朵，它的名字叫长右，它的叫声像人在呻吟，它所出现的郡县，定会发生大水灾。

文化漫漫看

1 《山海经》中出现了很多形似猿猴的异兽，如狌狌、举父、朱厌、长右，它们有的暴躁好动，如喜欢扔东西的举父；有的聪明伶俐，如通晓人类过去之事的狌狌。

你怎么又乱扔东西？还砸到我的脑袋！
我就扔！我就扔！真好玩！
果然我出现的地方就会发生战争。
哎呦，隔壁又在吵架。
人类语言
长右
狌狌
朱厌
举父

你看起来挺活泼，为何叫声如此凄惨悲凉？
你一叫，我就想哭，呜呜呜……
这样才能让诗人对我念念不忘。

2 猿猴啼叫的声音凄凉怪异，古代诗人常将猿啼作为一种意象，表达思乡之情和凋零孤独之感，如杜甫的“风急天高猿啸哀，渚清沙白鸟飞回”。

3 《西游记》中提到了四大灵猴：灵明石猴、六耳猕猴、通臂猿猴、赤尻（kāo）马猴，它们各有神通，其中灵明石猴就是孙悟空，六耳猕猴就是假美猴王。

灵明石猴！六耳猕猴！你俩又在打架，考试的时候怎么没见你们争第一？
灵猴学校成绩榜

*禺：读音为 yù。

zhì
彘

形态
形状像老虎，长着牛尾

江湖角色
食人兽

十九

虎身牛尾的食人兽——彘

彘生活在浮玉山，它外形似虎，尾巴似牛，叫声似狗，是一种能吃人的异兽。

后人推测，《南山经》中提到的彘可能是以大洋洲已经灭绝的动物——袋狼为原型的。因为袋狼背上也有和老虎类似的纹路，尾巴粗壮有力，和牛尾相似，样子长得像狗，虽然现存资料没有关于袋狼叫声的记录，但从嘴型来看，它的叫声应该与狗吠或狼嚎差不多。袋狼是十分凶悍的食肉动物，经常潜伏在树上，然后突然跳到猎物背上，一口将猎物的头颅咬碎。

神兽有故事

然而“彘”这个字的本义不是狼，而是猪。《孟子·梁惠王上》中写道：“鸡豚狗彘之畜，无失其时，七十者可以食肉矣。”这里的“豚”指小猪，“彘”指大猪。

从战国时期开始，猪便是百姓不可或缺的家畜之一，而家猪是由野猪驯化而来的。因此，也有人认为《山海经》中记载的彘是野猪。野猪的体型和力气都很大，而且脾气暴躁，容易被激怒而主动攻击人，在民间一直有遇到野猪比遇到老虎更危险的说法。

文化漫漫看

1 有一个成语叫“六畜兴旺”，六畜指古人饲养的六种家畜，分别是马、牛、羊、鸡、狗、猪。家猪是最常见的家畜，它是从凶猛的野猪驯化而来的。

2 马、牛、羊是古人生产生活中必不可少的家畜。马和牛可以乘骑或拉车，充当交通工具；牛还会耕田，是农民的好帮手；羊可以为人类供应肉、乳汁、皮毛等。

3 鸡不仅能供人食用，还能打鸣报时，相当于古人的闹钟；狗能看家护院，还可作为宠物，是人类的好伴侣。总之，饲养六畜体现了古人与大自然平衡、和谐共处的智慧。

有兽焉，其状如虎而牛尾，其音如吠犬，其名曰彘，是食人。

译文

有一种野兽，样子像老虎，却长着牛一样的尾巴，它的叫声和狗叫声很像，这种野兽的名字叫彘，能吃人。

lèi 类

形态 像野猫，头上有毛发，雌雄同体

江湖角色 除嫉兽

二十

雌雄同体的异兽——类

有兽焉，其状如狸而有髦*，其名曰类，自为牝**牡，食者不妒。

神兽有故事

在亶***爰（chán yuán）山中，生活着一种形似野猫的异兽，它的名字叫类。类的头上披着像人一样的长发，更神奇的是，它竟然雌雄同体，而且传说人吃了它的肉可以消除嫉妒之心。

《异物志》中记载："灵猫一体，自为阴阳。"《本草纲目》也曾记载："一种灵猫，生南海山谷，壮如狸，自为牝牡，阴香如麝。"以上记载都对类的雌雄一体的特性作了描述。因为这种神奇的特性，类深受文人的喜爱，鲁迅在小说《出关》中就提过类雌雄同体，自行孕育一事。

据说在明朝时期，在云南蒙化府一代，经常有人看到这种野兽出没，当地人叫它香髦（máo）。也有人推测，亶爰山的地理位置大约在现在的广西省东北部或者西北部，这里有一种动物叫熊狸，它的雌性与雄性个体外观和生殖器官都十分相似，连专业人员都难以通过肉眼分辨。这样看来，《山海经》中的类很可能就是熊狸。

译文

有种野兽，样子像野猫，脑袋上有毛发，它的名字叫类，类同时具有雌雄两种生殖器官，人吃了它的肉就不会过分嫉妒。

文化漫漫看

1 熊狸的身体像黑色的小熊，尾巴又大又蓬松，脸部却像狸猫。以雌雄难辨著称的熊狸还有一个有趣的特点，那就是它们身上的气味腺会散发出爆米花的味道。

我是王阿姨介绍来的，看你一表人才，一定能够成为优秀的丈夫。
可我是女的呀！

两位女士，麻烦让一下路。我赶时间！
我是先生！

2 《木兰诗》中有一句"双兔傍地走，安能辨我是雄雌"，意思是当两只兔子一起跑起来的时候，无法轻易判断出性别。

3 小丑鱼则是一种能改变性别的神奇动物。它们刚出生时都是雄性，成长到一定阶段，群体里最强壮的那只小丑鱼会变为雌性，并且当上首领。

祝贺女王登基！
不必拘礼！都是从小一起长大的兄弟。

*髦：读音为máo。**牝：读音为pìn。***"亶"今天只有"dǎn"和"dàn"两个读音，但在古代时还读"chán"。晋代文学家郭璞："亶音蝉。"

并封

bìng fēng

形态

像黑色的猪，身体前后都有脑袋

江湖角色

双头兽

二十一

黑色的双头奇猪——并封

并封在巫咸东，其状如彘，前后皆有首，黑。

神兽有故事

传说有一个巫咸国，这个国家的人都是巫师，他们左手握着红蛇，右手握着青蛇，往来于天上人间，还常常采集一些名贵草药，给百姓治病。并封就生活在巫咸国东边，它的样子像猪，身体的前面和后面各长了一个脑袋。

不知道是不是受了巫咸国巫师们的影响，并封很喜欢吃草药，不过它专门吃有毒的草，每天吃个不停，所以只要有并封在的地方，必定“寸毒不生”，这对人类来说可是一件大好事。

因为长着两个头，并封走起路来可是件麻烦事，两个头都想按照自己的方向走，谁也不让谁，因此并封常常在原地左右走来走去，哪里也去不了。

在古籍中，并封还被记载为屏蓬、鳖封，它们的发音很相近，指的都是并封。

在一些出土文物中，常常能见到双头猪的图案。其中较为著名的当属湖北荆州楚墓中出土的战国漆器——彩绘猪形盒，它的造型跟《山海经》中对并封的描述如出一辙。

译文

并封兽生活在巫咸国的东边，它的样子长得像猪，身体前面和后面都各长着一个脑袋，周身都是黑色的。

文化漫漫看

1 考古人员认为，“彩绘猪形盒”是楚人用来存放酒杯的生活用具。这种便于携带的器具尤其方便在野餐时使用，从中取出耳杯，斟满琼浆，与三五知己畅叙幽情。

这是何物？
是我放耳杯用的盒子，漂亮吧？

喂，你喝水的动静能不能不要这么大，晃得我都喝不成了。
像你那样喝，啥时候才能把河里的水吸干啊！

2 古人认为彩虹是一种双头怪兽，由于彩虹总在雨后的河流附近出现，人们猜测这是怪兽在吸水。沈括在《梦溪笔谈》中说：“世传虹能入溪涧饮水，信然。”

3 并蒂莲是指在一根花茎上长出两朵并头的莲花，十分稀有，被古人视作祥瑞的象征。温庭筠的“旧宅嘉莲照水红，一时鱼跃翠茎东”写的就是并蒂莲。

这次舞台我又是主位了，你们不要羡慕我哦！
得瑟啥呢！
快拍快拍！这就是大明湖畔的并蒂莲！

山（shān）狎（huī）

形态

状如狗，长着人的面孔

江湖角色

大风兽

二十二

人面狗身的大风猴——山𤟤

神兽有故事

山𤟤生活在狱法山，它的样子看起来像狗，但实际上它与举父、长右一样属于猿猴类生物，擅长投掷。

山𤟤长着人的面孔，一见到人便会哈哈大笑。它行动敏捷，跑起来速度飞快，像一阵狂风扫过，所以有种说法，山𤟤一出现，天下便会刮起大风。山𤟤因此被称为“风兽”。这个名字还暗指山𤟤像鬼魅一样来无影去无踪，它很可能就是中国神话传说中的一种叫山魈（xiāo）的异兽。

清代小说家蒲松龄在《聊斋志异》中写过山魈的故事：一个姓孙的书生到一个荒僻的寺院借宿，夜里，书生忽然听到门外风声呼啸，房门被风刮得咣当乱响，正疑惑着，风声已进入屋内，还伴有铿铿的脚步声。书生抬头一看，却见一个大鬼正弓身挤进门来，这鬼便是山魈。孙书生慌乱中拔刀向山魈砍去，砍中了它的肚子，山魈乱抓一通，没抓到孙书生，只在被子上留下大如簸箕的爪印，最终大怒而去。

文化漫漫看

大王，这报纸上说什么？
人类把我们说得一无是处，还说我们比豺狼更可怕。

1 现实中也有一种叫山魈的灵长类动物，别名鬼狒狒，因为它脸部有色彩鲜艳的特殊图案，形似鬼怪，而且它的性情凶猛好斗，狡猾暴躁，比豺狼还难缠。

这个小木乃伊是她的孩子吧，只是长得有些奇怪。
我是阿拉伯狒狒！
啊！诈尸啦！

2 在古埃及法老王时代，阿拉伯狒狒被奉为神明，它们被认为是月亮与智慧之神托特的化身，古埃及人甚至把狒狒与人类合葬来表示尊重。

这个问题我们要这样解决。
敢怒不敢言啊。
不对不对，应该这样解决……

3 印度也有神猴崇拜，印度著名史诗《罗摩衍那》的主角就是神猴哈奴曼，因此印度人对猴子敬畏有加，被宠坏了的猴子经常会在印度的城市里与人类争夺地盘。

有兽焉，其状如犬而人面，善投，见人则笑，其名曰山𤟤，其行如风，见则天下大风。

译文

有一种野兽，样子像狗，长着人的面孔，擅长投掷东西，一见到人便会笑，它的名字叫山𤟤。它走路迅疾如风，它一出现，天下便会刮起大风。

测一测

你对本册怪兽了解多少？

1 下列哪一个不是与穷奇并称“上古四大凶兽”的神兽？（　　）

A．饕餮
B．混沌
C．玄武
D．梼杌

2 狡生性威猛，以（　　）为食。

A．豺狼
B．虎豹
C．牛羊
D．猿猴

3 狡出现的地方一定会（　　）。

A．风调雨顺
B．发生旱灾
C．国泰民安
D．天下大乱

4 傲㺐的样子像牛，头上有（　　）只尖角，身上披着厚厚的白毛。

A．一
B．二
C．三
D．四

5 玃如的身体像鹿，但长着（　　）。

A．人一样的手
B．人一样的脚
C．人一样的手和脚
D．人一样的脸

6 狌狌长得像猿猴，据说人吃了它的肉可以（　　）。

A．长生不老
B．百病不生
C．健步如飞
D．力气大增

7 猲猲看起来像（　　），身体里却可以孕育珠子。

A．猿猴
B．野猪
C．狐狸
D．狸猫

8 从从是一种长着（　　）条腿的怪犬，奔跑速度极快。

A．四
B．六
C．八
D．十

9 蛊雕的叫声像（　　）。

A．鹞鹰的叫声
B．木头的敲击声
C．婴儿的啼哭声
D．奇怪的笑声

10 葱聋长得像普通的羊，但有着（　　）色的鬣毛。

A．鲜红
B．金黄
C．乌黑
D．五彩

11 羬羊的（　　）有神奇的作用，可以滋润干裂的皮肤。

A．皮毛
B．角磨的粉
C．眼泪
D．脂肪

12 土蝼的样子像羊，有四只角，性格十分(　　)。

A．温顺
B．胆小
C．凶残
D．狡猾

13 举父最喜欢做的事是(　　)。

A．把石头举起来
B．把石头扔向人
C．用石头砸果子
D．用石头盖房子

14 夫诸长得像白鹿，仙气十足，只要它出现的地方就会(　　)。

A．吉祥如意
B．五谷丰登
C．发生水灾
D．发生旱灾

15 蜚出现的地方会(　　)。

A．发生水灾
B．发生旱灾
C．发生瘟疫
D．发生战争

16 孰湖长得人面马身，鸟翼蛇尾，它一看见人就会(　　)。

A．飞起来
B．跳起来
C．吓唬人
D．抱住人

17 如果一个人在某地看见了朱厌，那么他最好(　　)。

A．来这里定居
B．离开这个地方
C．抓住它献给皇帝领赏
D．抓住它自己养起来

18 长右是一种形似猿猴的怪兽，传说它就是(　　)。

A．无支祁
B．六耳猕猴
C．灵明石猴
D．通臂猿猴

19 彘的外形像(　　)，长着牛尾巴，叫声像(　　)。

A．牛　虎
B．牛　狗
C．虎　狗
D．狗　虎

20 类的样子像野猫，人吃了它的肉可以(　　)。

A．治疗疾病
B．消除嫉妒
C．改变性别
D．改变性格

21 并封外形像(　　)，长着(　　)。

A．黑羊　双头一身
B．黑羊　一头双身
C．黑猪　双头一身
D．黑猪　一头双身

22 山猙的样子像狗，实际上属于(　　)类生物。

A．狸猫
B．豺狼
C．马
D．猿猴

答案：

1.C　2.B　3.A　4.D　5.A　6.C　7.B　8.B
9.C　10.A　11.D　12.C　13.B　14.C　15.C
16.D　17.B　18.A　19.C　20.B　21.C　22.D